Stefano Bonucchi

ANGELO MALEDETTO

L'ANTOLOGIA

Poesie e aforismi di un poeta maledetto

Alla poesia

mia unica amica, mia unica compagna.

(*Bonucchi Stefano*)

BIOGRAFIA

Bonucchi Stefano, nasce a Sassuolo provincia di Modena, nel marzo del 1980. Trasferitosi a Reggio Emilia comincia una fortunata serie di concorsi positivi per far conoscere la sua poesia e poco dopo a creare numerosi volumi di varie collane. La sua poetica è alimentata da un'insolita e crudele esperienza infantile, che lasciano internamente dure tracce di veleno nell'anima del poeta. Nonostante questo nella sua poesia si nota anche lo sbocciare di una nuova poetica, tendente a redimere questo male e a restituirne nuova salvezza nei versi di un Angelo Maledetto l'artista.

Concorsi

- Partecipato al concorso "Volo di pègaso 2010" superando la selezione e inserito nel libro "Il volo di pègaso - Raccontare le malattie rare parole e immagini".

- Partecipato al concorso "La donna" superando la selezione e inserito nel libro "L'antologia - La Donna".

- Partecipato al concorso "Biblioteca d'oro" superando la selezione e inserito nel libro L'antologia - La biblioteca d'oro".

- Partecipato al concorso "Il sogno" superando la selezione e inserito nel libro "L'antologia – Il sogno".

- Partecipato al concorso "La solitudine" superando la selezione e inserito nel libro "L'antologia – La solitudine".

Opere pubblicate

Collana "Viaggio all'interno del caos" composto da 4 libri

Collana "Viaggio oltre la morte" composto da 2 libri

Collana "Tra luce e oscurità" composto da 2 libri

PREFAZIONE

Chi può sradicare una rosa non ancora sbocciata?

Creatori infernali,potentissimi demoni,ospiti d'onore del viaggio devastante all'interno della mia anima fino all'esplosione necessaria dei miei versi infuocati.

POESIE

Anima ribelle

Sguardi socchiusi,
sento il profumo avvolgermi i sensi,
mille sensazioni sconosciute,
vorrei tutto.....
purché completi l'anima ribelle di cui faccio parte.

Tardo autunno

Un fiore fantasma scaccia le foglie cadute
addormentate come l'autunno
nel tiepido abbraccio del cielo.

Notte

Buia e cupa tenebra
risorgi dal tramonto,
per venerar il tuo spirito nel silenzioso cielo,
m'attraversa la luna,
mia stellata emozione.

Pioggia

Queste lame taglienti
portan tristezza,
come lacrime d'un Dio
segregato nell'occhio del tempo.

Innamorato

Oh fuggi cuore dei miei pensieri,
naufragato negli scogli dell'amore,
m'appresto a morir di dolci parole.

Rivoltella

Baciami di veleno mia sgualdrina crudele,
tu che dalle tue labbra volge la morte,
perché tu di coraggio mi donasti l'inferno,
pendo dalle tue labbra di morte come manto d'amore.

Emozioni gotiche

Io, viandante d'emozion gotiche,
come il sorriso di questo corvo
assetato di sangue impuro,
dalla vergine che ha castigato
i nostri nomi maledetti,
nell'ora della nostra funebre
devastante ora calante,
spiriti dionisiaci tormentano,
mie isteriche paradossali
congiunture nell'altro mondo,
vedo l'occhio di Satana
piangere nel mare delle tenebre,
il suo tenero vassallo incarnar la vergine,
mungendo questa leggiadra stalliera
lungo i canti onirici del Dio cavallo.

La gatta

Questa gatta guarda la luna,

distratta, con amabile incanto,

nei suoi occhi si cela il cadavere della sera.

Mantide

Anima dannata avvolta a questa vedova,

uccidila, uccidi,

mangiar la mia essenza fino a razziar la mia fine,

rinasco dall'interno del tuo grembo,

come fiamma,

ove bruciasti viva d'amore.

Malinconia

Congelo dentro
questa matrigna crudele,
c'ogni suo bacio,
di veleno
questa mia malinconia.

Lacrima

Questa goccia che dolore consuma,
nell'emozione di petali d'incanto.

Luna

Pungente come lama di stella,

sei gioiello lontano dal sole,

mi fosti cara,

tu anima delle mie notti tristi.

Patibolo

Tutto il mio dolore,

asciuga le tue lacrime

dolce anima ferita,

non piangere,

non piangere,

stanco,

mi lascio andare,

la vita sul patibolo.

La clessidra

Scorre il flusso del tempo,
stilla gocce di sangue,
quasi a custodir la mia vita,
fino al momento di morte.

Flash in croce

Vedo il mondo ancora in croce,
spellato vivo,
la mia anima dannata canta,
carne in putrefazione
sul letto di morte;
mi guarda erosa
l'immagine di Dio sul mio petto,
senza volto,
attende d'esser mangiata.

Ritorno

Risveglio l'anima
in questo deserto infernale,
crocifisso mi vedo,
le unghie del diavolo
perforano l'anima,
mangio l'agnello maledetto,
la caverna d'inferno mia tana,
la mano sacrilega rinasce,
sono maledetto,
poeta dei ritorni dannati,
io bevo dal calice del diavolo.

La grazia di un sogno

So,

venne l'alba,

ho avuto modo di vedere

nella tua anima,

raggi d'infinito,

poi il sole dentro te,

così finisce,

così resterà questo sogno,

meraviglia,

che al passo del vento

di grazia è sentito.

Potrei non esistere

Inghiottito dall'abisso;

l'abisso del tempo che invio a mia tortura,

vedo il mietitore,

annegar nell'incertezza del mai nato.

Il buio in croce

Nero come il buio in croce entro nel mio inferno,
diavoli infernali lanciavano il mio corpo,
alla tortura di questa carne,
l'ingresso al segreto della mia vita,
intossicazione della mente malata,
io sono nella catacombe del mio ego.

Teschio di morte

Questo teschio di morte è giunto,
il male lo sovrasta,
l'essenza del mio essere vivo
taglia questo buio percorso,
ma la falce a mezzaluna;
nell'ombra cade sul cadavere,
nel fiume del tempo scorre.

Morire d'amore

Amore, amore,
amore, amore,
il mio amore,
cinque parole,
cinque lettere,
cinque battiti,
per poi morire.

Il nulla nell'immenso

Le mani si dissolvono nell'inutilità,
navigo attraverso il surreale,
in questa barca di sogni,
regna grande poesia,
viaggi cercando retaggi,
ma quel che sento,
il nulla nell'immenso sentimento.

Bruciatemi

Dorme l'artista,
addormentato,
il sole riscalda la pelle morta,
la tristezza si scioglie al sole,
immensità, bruciatemi.

Maledetto angelo

Impalo quest'angelo maledetto
in questa notte maledetta
con questi amici maledetti.
Il mio nome maledetto grida,
un aiuto ormai spento.

Memoria

Non svanir nell'aria,

sento il vento,

porta segreti,

black-out temporale

nel viaggio di memoria.

Immagina l'immaginabile

Gente che prelude di sapere,

capire d'immaginare,

non si può capire

la sofferenza, cose viste,

robe della peggior specie

posso immaginare,

non dica,

ho vissuto l'inconcepibile.

Ora immagina di morire.

Celeste inferno

Qui un angelo nasce dall'oblio,

arrivando vede violenze effimere

ringhiando,rigettando,

autolesionismo,

l'agonizzante bellezza,

entra a tempo incessante,

fra insonni cadaveri,

arrivan zaffiri illusori,

orefici negoziar essenza divina.

Il sangue attraversa tutto,

attraversa nulla, attraversa,

soppressione imminente,

evaporazione solenne,

oh risorgi cimitero illusione,

zombie, zombie,

essenze rinnegate aspettan

il lauto pasto.

Aspettan pazienti antidoti.

Chemio

Irradio il corpo di veleno,

ricerca di una cura

per questo senso di morte,

son già sul patibolo,

misericordia e attese

al mio corpo,

liberarmi da questo

tormento di vita.

Suicidio di psicofarmaci

All'interno di cascate

di sostanze tossiche,

m'immergo,

il dialetto sapere delle stelle

mi prende in assoluzione,

navigando tra le strade di me stesso,

cerco riposo da questo abbozzo di luce,

l'infinito m'addormenta.

Il passaggio nell'ignoto

Ticchettio dolce,

pazzia m'avvolge,

in caduta libera raggiungo,

questa verità,

questo mondo,

il mondo reale.

Follia?

Illusione?

Ma è là,

oltre i limiti.

Bagno di primordiale,

il castello dei sogni,

sulla sua torre vado,

vedo la sintesi universale,

muoio di percezione,

un Dio infinito esulta,

tenendomi per mano.

Naufrago poeta

La nave della mente
naviga migliaia di risposte,
disperdere lacrime
nel mare dei ricordi,
naufrago in quest'anima,
sopravvivo d'emozione,
il liquido dalla bottiglia di conoscenza,
d'incanto annulla,
tra le valli del poeta.

Dama di picche

Dama tu che calpesti i miei baci,
tu che dal tuo trono hai illuso,
il tuo sguardo ostile respinge,
d'opposto è tuo comando,
innalzar patibolo di picche,
al dolce signor di cuore.

Nascosto nel buio

Nascondo nel cuore nero,
il sorriso,
agghiacciante tesoro,
con mani tremanti,
ricordo quelle atrocità,
rannicchiato sotto il buio tavolo,
le mille maschere fan paura,
ma ancora una volta,
l'oscurità nasconde.

Tela decadente

Guardo radioso questa tela,
dall'altra parte del quadro,
la mia immagine piange,
l'alba s'appresta
a vivere il suo oscuro disegno.

Rinchiuso nell'arte

Questa gabbia mi tiene,
rinchiuso tra mura del tempo,
son vivo, son vivo,
son l'agognata trappola d'artista.

Figlio della natura maligna

Il malato ciliegio
rende frutta,
un'ultima volta,
i rami secchi,
ultima linfa,
decade la radice;
il suo male,
il proprio figlio,
frutto velenoso d'essenza,
che arresta a piccoli passi,
la sua stessa natura.

Poesia maledetta

Perché poesia non rispondi,
perché poesia sei morta?
Una lunga ferita t'attraversa,
la lama d'amore,
trafigge i tuoi occhi,
non vedi più,
l'oscurità ti prende,
tingendo il tempo,
di morte inchiostro,
la tua anima scrive,
lunghe pagine di peccato.

Cadavere

Oltre il buio,
sento scavare la mia fossa,
nella città che m'inghiotte,
nelle sue spire la notte.

La febbre maledetta

Onde psichiche mi travolgono,
continuo in balia del caos,
domandar al giorno che faccio,
il fuoco brucia i miei pensieri di rinascita,
la luce si spegne,
la speranza muore,
la tenebra cade sui miei occhi.

Amore comprato

Risuona ogni volta che ricevo i tuoi baci,
questa campana al sapor di veleno,
soffoco al sol pensiero di dare il mio cuore,
vita tremante che perde d'emozione,
falsa luce che inghiotte oscurità.

Servitore della notte

Demone,
che la notte sovrasta,
questo essere del buio,
che lesiona la mia anima,
creo ferite su carta,
questo cancro malato che uccide,
poco a poco il mio cuore,
ma rende viva la verità,
questa,
che il mondo nasconde.

Il cimitero dell'anima

Questo corpo è sepolto nel dolore,
vestito a morte col buio,
inizio a scavarne l'inverno,
il mio cuore è la tomba
dove seppellirò la mia anima.

Viaggio dimensionale

La mia penna non si ferma,
un'arma che vibra alla frequenza dell'universo,
equilibrio me stesso al caos della mia anima,
il tempo mi presterà soccorso,
trovar molteplice perfezione nel nulla,
dono il mio cuore all'immensità,
ultimo desiderio di sentimento
nella brillantezza d'altra dimensione.

La verità dei sogni

Guardo dentro al castello
dei miei sogni infranti,
lui,
il potente lui,
il re degli inganni,
il re dei sogni,
avverando,
distruggendo i sogni;
noi suoi schiavi.

Lasciatemi

Vorrei morire,
in questa mantra poetica,
sparire, dissolvermi.
Lasciatemi,
magari alla deriva,
innanzi a questo orizzonte psichedelico,
dove corrente che sgorga dai miei pensieri,
trascina il mio cadavere,
lontano.

Black hole

L'irrealtà mi sfugge,
tra mani condensate di potere,
conosco la verità delle cose,
quella che comprime il buco nero
della mia esistenza,
che mente,
ad ogni mio risveglio.

Fortuna

Son qua nelle tue codeste braccia,

aspettando il mio momento.

Clown dona un sorriso.

Clown che fai ridere la gente,

fai ridere anche me,

dove questo volto,

non ha più sorriso,

dove una lacrima,

scende dall'anima,

clown,

tu che fai ridere la gente,

fai ridere anche me.

Clown ridammi il mio sorriso.

Adesso.

Gabbiano

Volo libero nell'aria,
dell'oceano sono guardiano,
nessuna regola, nessun obbligo,
accarezza la brezza del vento,
vorrei,
vorrei essere un gabbiano.

Folle artista

Soave pensiero che giunge affamato,
continua il suo corso quest'anima impura
nell'artista che rende folle i miei pensieri,
bevo le lacrime del terzo occhio,
nel quale annego,
in questo fiume di sapere,
questa corrente che sfocia,
nel mare della verità.

I due lati contrapposti di un ideologia

Io vi capisco gente omosessuale,
abbiamo il problema comune,
io avvolto dall'oscurità,
voi avvolti da un altro lui,
questa discriminazione che ci perseguita,
mio lato dato dal male,
il vostro lato dato dall'amore,
siamo eterni incompresi,
che ci rende unici, speciali,
in questo mondo,
dove nessuno,
capisce nessuno.

Fata del mattino

Al chiaror di mille parole non ce ne sono,
che possano eguagliare tale emozione,
codesta dolcezza,
codesta eleganza
tale cuore.

Volutamente orfano mi sento

Genitori,

questi angusti serpenti,

lingua biforcuta in questa vita di dolore,

solo sofferenze portano,

fulminare con gli occhi vorrei,

per uno che vide l'inferno

pensi di averli vicini,

invece son lontani,

questa malattia chiamata vita,

che mi hanno dato maledicendo il mio nome,

vorrei solo una cosa,

pace,

pace in questo inferno che sembra non finire mai,

orfano invidio,

orfano vorrei,

orfano che un giorno sarò o son già.

Pensieri di morte

Cala il buio,
calano le tenebre,
in questa giornata rosso sangue,
fino a quando la tetra immagine di me,
scaturisce dal profondo dell'oblio.

Gomma da cancellare

Cancella questa inutile vita,
cancella questa esistenza,
cancella questo dolore che ho nel cuore,
cancella questi peccati che ho commesso,
cancella questo sentimento di odio,
cancella gomma,
cancella e spazza via.

Mutilato

Mutilato a questa tenera età,
di dignità
un arto alquanto strano,
ma comunque mozzo,
in questa vita difficile,
dove tutto ti sembra ostile,
dove un sorriso amico,
può essere la cosa più grande,
grande come la dignità che avevo perduto.

Ipocondriaco

Malattie inesistenti saccheggiano questa mente oppressa,
dove tutte le malattie del mondo,
non bastano a mettere a tacere quella follia nella testa,
dove tutto ciò che circonda è grave afflizione,
dove l'unica malattia è esser ipocondriaco,
tutti i mali del mondo racchiusi in un unico corpo,
in un'unica persona,
in un unico me stesso.

Mondo di maschere

Questi genitori,
maschera di felicità con gli sconosciuti,
maschera di odio con i propri figli,
figli con maschera di paura,
maschera di tristezza,
maschera di dolore,
maschere non adatte ad un bimbo,
giustizia con maschera dell'indifferenza,
dove un grido di un bimbo non viene sentito,
dove tutti portano una maschera.

Eterno fumatore

Questo tossico delirio ogni mia astinenza,
questo polmone avvelenato mandato in cancrena,
tossico,
in questo corpo di vizi e rimpianti,
diavolo non spegnere la mia sigaretta,
ma spegni la mia anima,
adesso.

Scrivere maledizioni

Tu che sai di scrivere nel sangue,
nel sangue del tuo sangue,
non esigi nessun inchiostro,
ti basta il tuo sangue,
sangue versato,
per scrivere una vita maledetta,
questa maledizione che ti porta,
giorni a maledire il mondo.
Non avere pietà, scrivi,
scrivi in silenzio,
questo tuo libro di sangue.
Non avere pietà,
il tuo rancore rafforzerà il tuo istinto,
per i nemici che ti faranno barriera,
barriera che farà schiacciare gli stessi sotto
il costante peso del mio corpo,
corpo reso vuoto,
corpo dissanguato,
dal mio libro,
libro di sangue.

Padre carceriere

Brindo alla tua morte,
alla morte più dolorosa sulla terra,
che l'odissea più nera ti avvolga,
in questo cauto dolore
che ti lacererà l'anima,
in questo grembo maledetto,
che aggrada il tuo essere,
brindo,
brindo a te padre.

Fuoco di donna

Accendi quest'anima,
fiamma dell'inferno,
bruciami,
bruciami il corpo,
bruciami l'anima,
carne bruciata odo,
mentre druidi ardon;
un piacere il tuo peccato.

Rosa nera

Rose rosse,

rose gialle,

sorridi in questo firmamento di stelle,

poi un buio le copre,

l'oscurità si espande,

tutte le rose,

tutte le rose si oscurano,

in una malvagia,

sublime, rosa nera.

Goccia di vita

Gocce di sangue,

dal martoriato cuore,

inebriano questa rosa bianca,

pura come neve,

profumata come cieca passione,

dopo questa breve fioritura,

lunga morte attende,

nel campo fiorito delle mille emozioni.

Petali di morte

Più volte ucciso,
dentro il vuoto,
poi tutto l'universo,
piccoli petali neri,
sorreggono questo dedino,
regina del mare,
sindaco del cielo,
un solo orizzonte,
un solo sentimento.
Un poesia infinita.

Figlie della notte

Bimbe oscure,
perfido orsetto fantasma son io,
abbracciar voi come tenebre,
giocar con la mia anima dilaniata,
oscura sfida suicida,
oh in questo mondo di inganni,
voi meravigliose creature del buio.

Anamnesi

Ossession confusa mi desta,
nero abbraccio vide,
rosa nera sfiorire;
render mio io anima oscura;
la morte mi adora,
tenebra mi elogia,
in questa solitaria utopia,
lungo dimensioni,
d'anime immortali.

Orizzonte

Stringi la mano mio tesoro,
insieme varcheremo
il tempo immortale dell'amore,
lasciati andare,
un eden infinito ci prende,
tu, io, l'orizzonte.

Figlio maledetto

Questa bestia ormai nata,
mille violenze subite,
abbraccio tagliente questa notte,
matrigna maledetta agonizzante,
con occhi di sangue,
lacerata posizione,
giocar con le tue membra,
in questa cava di terrore,
agghiacciante putrefazione.

Vampiro

Nera cripta del male,
in notte di tenebra,
morso dall'inferno,
rimpiango il mio essere,
paralizzato da vita immortale,
cambio il mondo, illudendomi d'esser vivo,
avido di sangue,
in questo grande cammin di vita.

Demone custode

Demone malefico,
tu che custodisci la mia anima maledetta
fammi assaporare la vita,
avvinghiami con i tuoi artigli che mi
graffiano e affondano nella mia pelle,
trascinami incautamente nelle oscure
profondità del male,
inietta nel mio cuore gocce di veleno,
bisbigliami dolci parole di
violenza e aberrazione
fino a farmi urlare di piacere infinito,
poi ferma il tempo per l'eternità.

Gli amanti

Mare di estasi,
carezze di sguardi,
due fiori con un solo stelo,
sbocciano nell'eterna primavera,
questa infinita passione,
poesia al sol guardarli.

Lettera suicida

Ave o angelo maledetto,
sei tu che plachi la mia anima ribelle;
tu con la tua inoculatezza rinchiudimi
in una gabbia di amianto,
fa' si che il tuo cuore fallico possa generare
odio e putrefazione,
getta le mie teneri carni straziate dalla violenza
all'umanità senza domandar alcuno,
senza domandar chi sono.

Dea delle dee

Colpisci al cuore o mia dea,
ove l'anima già uccisa,
pensiero morente di te,
verso l'infinito amor che ci attende.

Morto alla nascita

A codesti dannati agonizzante morte,

unico grande rimorso esser nato,

valle di carne morta,

mi richiama a se,

ove tu mi concepisti in un angolo buio,

affogandomi col tuo stesso sangue,

in questo giorno che finisce,

con un grido di dolore;

nascita e morte.

Infarto

Vivere o morire,

vivere o morire,

e io ancora,

ancora una volta,

col cuore in mano.

Clown del buio

Clown schierati al male,

maschere di sangue,

converton amore in odio,

questo tendone nero,

nasconde mille paure,

mille anime perdute,

un tempo donavan solievo,

ora perfidi ghigni sfregiati,

ora atroci agonie,

in questa vera tortura,

al colore del buio.

Madre di morte

Mia dolce strega,

mi donasti la vita,

tuo il sangue maledetto,

forgiato dal calice della morte,

maledizione mi donasti,

tu, madre oscura di tutte le cose,

dolce odio si unisce a noi,

insana violenza,

abbracci illusori,

arcano potere nelle viscere,

lunga l'ombra,

attraversa i nostri cuori,

insanguinati da questa stordita anima,

nell’eterno mare del caos.

Figlia adorata

Mio cuore sorride,
a codesto viso maledetto,
mille lacrime versate,
a questo gotico gioiello,
Mia tetra principessa,
son la tua ombra,
la tua rosa nera,
vivere con te nell'incubo,
abbracciando dannati,
il nostro cammin di vita.

La bellezza della morte

Le farfalle escono dal nido,
volano leggere,
nel lungo giorno,
giorno di bellezza,
giorno di morte.

Immune

Vipera intrisa del suo stesso veleno,
scaglia questi tuoi denti su di me,
se questa tua voglia di distruggere è così ampia,
come lo è il mio odio per te.
Fatti forza colpisci questo corpo morto,
quest'anima ferita,
prima che le mie braccia spezzino,
questa tua putrida bocca avvelenata,
veleno che non mi uccide,
ma mi rafforza per sferrare la tua fine.

Il nido

L'uccello è volato,
inoltrato in questa selva,
oscura e travolgente,
era amor per te.
Non odiarmi,
non biasimarmi,
amami,
io dentro te.

Amabile strega

Tu dolce fanciulla
che incanti con i tuoi occhi,
tuo,
il sorriso affascinante
che confonde i miei sensi,
fammi eterne fatture,
stringimi,
scioglimi in un filtro d'amore,
abbatti su me la tua arcana magia,
amami col tuo fuoco inesauribile,
brucia, in questo rogo eterno.

Voglie nascoste

Maledetto libido,
tu che scavi nella mia anima,
bramoso di nettare proibito,
abbi pietà di me,
abbi pietà,
voglio morir
morir nella più tetra castità.

Autanasia

Una sola parola,

indifferenza,

notte difficile

nell'abbraccio della morte.

Che vuoi da me?

Desidero il tuo cuore,

una fedeltà intensa,

dolce lama meravigliosa,

tu, mio regalo.

Mio mare

Mare,

l'eterno scagliarsi delle onde sul mio corpo,

mare,

questo dolce fruscio di conchiglia nell'orecchio,

mare,

questa solitudine che ti accarezza la pelle,

mare,

questo soffio di vita.

Sciamano dei quadri

Fai risplendere questo quadro,
illumina i miei sogni,
apri questi occhi tinti di rabbia,
danza tra le emozioni,
tingi di rosso e nero questa tela morta,
dai vita ai tuoi desideri,
crea la maledizione,
imprigionala in quest'immagine senza età,
è ora che lo sciamano dei quadri
compia i suoi miracoli.

Afrodisiaco medioevale

Bevi questo nettare divino,
ripulisci questa mazza chiodata;
dopo quest'infausta battaglia,
il mio corpo inturgidisce
ad un sol tuo sguardo,
vecchia baldracca del mio cuor,
riprendi in mano la mia magica spada,
e fammi venir nel tuo tetro castello.

Olocausto inverso

Questi signori del male senza pietà,
non ci può esser punizione,
per questi demoni in forma umana,
ricordo ancora il loro puzzo di zolfo,
ricordo quelle bestie maledette,
gas tossico in questo delirio,
respira, respira a pieni polmoni,
e muori,
muori dolcemente.

Sconosciuto venuto dalla penombra

Una sola idea in testa,
venne dal crepuscolo della mente,
paranoie infinite sorgono in questo corpo,
fatto di depressione,
questa realtà dell'essere umano,
questa realtà oramai divenuta certezza.

Dio denaro

Oh uomo maledetto,

tu che rotoli in questa vita,

la tua vita,

senza guardar le altre,

tu che preghi il tuo dio denaro,

sarai bruciato da fiamme ardenti,

ti strazierà l'anima,

il tuo destino è stato già scritto e riletto,

l'unica tua salvezza,

non esser mai nato.

L'arte universale del saper parlare

In questo universo d'artisti,

diplomatiche attestazioni,

una sfida,

un pappagallo nella doccia di parole.

Autolesionista

Affilo il mio coltello,

son carne morta di dignità,

sotto questo oscuro mantello,

ferite a non finire,

sangue color morte;

richiamo l'oscura,

la regina dei morti,

prendi dal pozzo degli inferi

dannata immensità,

lava le tue colpe nel tuo sangue.

Tu, dolce amor mio

Amor mio,

tu, che vali più della mia stessa vita,

tu, che innondi pace nel mio cuore,

tu, che riesci a vedere nel profondo dell'anima,

tu, che rendi serena qualunque mia tempesta,

tu, immensamente tu.

Una vita nell'oblio

Cado inghiottito nel buio,
enorme mano mi prende,
mi stringe in una morsa senza fine,
eterna agonia,
sento ossa scricchiolare,
vene scoppiare;
un unico gesto implosivo
di carne macellata,
dentro questo banco di prova
chiamato vita.

L'alba del guerriero

Atroce sofferenza,
alba interminabile,
passo stolto
di una vita martoriata.

Anticrollo

Incredibile fioritura
lungo quest'indigesta follia,
tentativo di respinger
il mio essere opportunista,
ardito discepolo provò a fermar
quest'eclisse dentro me,
vide il fiume,
l'antidoto,
la morte.

Veleno

Infinito tormento
d'incubo mortale,
questo nettare oscuro,
dove morte addormenta.

Anticristo

Consacro il frutto del male su questa dama,
fetore in questo grembo maledetto,
lunghi anni a dannar questa doccia di sangue,
tu l'innominabile,
bestemmia il tuo nome,
mangiar le interiora,
l'essenza della carne della carne,
nascerai uccidendo tua madre,
e i canti della tua venuta
saranno le urla strazianti di essa.
Richiamerai l'inferno dietro di te,
e guarderai riflessa tra le fiamme,
l'immagine del figlio del male.

Ricordi in tela di morte

Lama tagliente penetra
il mio corpo di sfida,
nettare di morte si tinge
in questa tela vagabonda,
tela raffigurante infausti ricordi,
linee scarlatte in questo sfondo nero,
dove la morte è pronta
ad ottener la mia anima forte,
seppur morente dipingo,
dipingo l'oscurità dell'anima
con questa falce di morte.

Aborto

Infausta natura
amata, flagellata,
sotto il tuo seno un grembo,
trascinar nell'anima dolce sorriso,
una natura morta,
vita sua disgrazia.

Il mio nome è nessuno

A volte un dubbio atroce mi assale,
ma chi sono io,
ma chi sono io,
eppure nessuno mi ha chiamato per nome,
nessuno mi ha mai parlato che son poeta,
nessuno mi conosce realmente,
nessun,
quel nessuno che non conosce nessuno,
che non conosce neanche me.

Felicità negata

Le ali di farfalla
sembra sorridere a codesto giorno,
il cielo oscurò;
dalla mia anima maledetta,
strappar le ali di farfalla,
mangiando il sorriso
in questo triste giorno.

Lo sconosciuto

Un giorno entrai,
il vuoto vidi,
tutto mi sembrava estraneo,
quella casa,
quella gente,
qualcosa prese il mio posto,
uno sconosciuto,
questo sconosciuto che aveva preso il mio posto,
dove ora son io,
eterno sconosciuto.

Nascosto nell'altro mondo

Anima chiusa nel diavolo,
torturato da un pazzo,
in queste notti di dolore,
a pianger lacrime scarlatte,
finché questo dolor mi faccia
sparire questa vita ingrata.

Blocco dello scrittore

Un dolce vuoto mi riempie,
freddo mietitore si nutre
nei meandri delle idee
nella mente il nulla,
pensieri spenti,
la voce dell'anima mi tradisce;
mi avvio,
lungo la nube del silenzio
ove tutto tace.

Tutore oscuro

Quest'eredità maligna mi turba,
scegliere da quest'anima fragile,
connessioni tra vita e morte;
una frusta cala su di me,
anni di segregazione in quest'anima;
dannazione, dolore,
nessuna benedizione,
solo un malsano tutore.

Rosa nata da una lacrima

Mia dolce amata,
non capisco il tuo amore,
ma lascia che ti porga questa dono,
una rosa nera cresciuta nei meandri dell'anima mia,
assapora il profumo di tale desiderio,
unico e raro in questa valle di demoni,
resta china su me.
Nebbia trasporta le nostre anime,
nell'infernale piacere che ci rende schiavi d'amor.

Vecchio candelabro

Candela spenta dalla nascita,
gocce di cera cadono da questo viso,
un vecchio candelabro ossidato dal tempo,
ma con ancor voglia di far luce.

Compagna notte

Risplendi,

via dorata di speranza,

ove il silenzio,

unico compagno di vita,

in tutta questa noia assurda,

son qui,

col cuore in gola,

pensando all'infinito;

i tuoi occhi brillano,

come stelle al chiaror della sera.

Cuore di cristallo

Attratto dalla tua anima,
abbraccio il tuo dolce essere,
quest'essenza emana un
profumo intenso,
voglio rinascer nel tuo spirito,
ereditare il tuo amore,
noi,
indivisibili cuori di cristallo.

Poeta

Chi son io per definirmi tale?
Goccia d'inchiostro
scivola dal mio viso,
fino a toccar il mio cuore di carta,
che a ogni respir della mia anima,
si inebria di nuove strofe,
fino a toccar il folle pensiero,
stampato nel profondo
dalla notte dei tempi.

Il frutto d'inverno

Sole pallido lungo
la mattina d'inverno,
scrutando nell'antichità
vedo la realtà dei sogni,
vedo bellezza,
una bellezza mai vista,
qualcosa che fa riassaporare
il frutto della vita,
ma beffarda,
continua inesorabile,
la neve su me.

Grande animo

L'alba è sorta,
un nuovo giorno ha inizio,
un nuovo ricamo della natura m'avvolge,
non riesco ad immaginar più grande privilegio.

Musa maledetta

Oh musa malata,

compiangi il tuo dolore,

dipingi l'alone di morte

sul tuo viso di tristezza,

una straziante melodia

soffoca la mente,

distruggi questi canti infernali,

sciogliti,

tra la nebbia fitta del creato,

si ode vendetta,

sei tu,

maledettamente ostile.

Felicità

L'amore mi bacia,

dal mattino una carezza,

niente mai muore,

vita meravigliosa.

Preghiera dagli inferi

Un giorno brucerete

questo libro di poesie,

come io brucerò

nelle vostre anime,

tra fiamme dell'inferno

i vostri fratelli grideranno,

nell'ora della penitenza,

nell'ora della gioia e del dolore,

così è scritto,

così morirete.

Gridi

Mondo in rivolta contro me,

contro gridi di verità.

ora racconto,

morente un innocente,

passato dalla gabbia di me,

nelle ragioni di un re.

Prigioniero della vita

Io esisto?
Guardo mondi invisibili,
seme d'ipocrisia,
frutto di falsità,
un albero dalle radici avvelenate,
un ordine sbagliato ne fa da padrone,
prigioniero della vita,
aspetto la morte,
mia libertà.

Sonnifero

Stanco,
devo dormire,
voglio dormire,
non ce la faccio più,
m'addormento in questo castigo di vita,
sogno, fantastico,
spero solo in un desiderio,
un non risveglio.

Artista

Accordare il dolce strumento dell'inferno,
tu grande artista,
suona per un'ultima volta ,
suona questa sinfonia di morte,
sento il dolce suono della morte,
sento le cantiche dell'inferno,
il patibolo grande palcoscenico
per un ultimo spettacolo,
un requiem di morte,
stanco ma ancor libero di suonare,
barcollante continua,
continua a suonare,
perché questo è il suo destino,
questa è la sua fine.

Le dieci frustate maledette

Una, due frustate,

non bastano, tre non ancora,

il dolore non è abbastanza,

quattro il mio rancore non ha pace,

cinque e sei, la vendetta è vicina,

sette, come le cicatrici del tempo,

otto, lividi per ogni braccio,

nove ore di dolore,

dieci, la morte.

Goccia di rugiada

Una goccia di rugiada

blocca il tempo,

una goccia di rugiada

sola ascolta il vento,

solo ora ti capisco nel lamento,

una goccia di rugiada

un sole spento nel vento.

Il momento nel cemento

Non vedo l'ora,
non vedo l'ora,
una colata di cemento,
scivola su me,
d'acciaio mi travolgo
col suo dolce peso,
non vedo l'ora,
nella bara del cemento,
m'appresto a venir schiacciato.

Punto zero

Zona morta
questa triste assolutezza,
andar oltre i binari del tempo,
non aver le coordinate di vita,
prendimi,
prendimi e portami via;
portami al punto zero.

Ti amo

Stringi forte il tuo petto al cuor,

danzando tra la pioggia,

il vento mi sussurra "Ti amo",

tra le fronde dei miei mille pensier,

un posto due parole,

un'emozione infinita,

t'amo.

Elettroshock

La notte degli spiriti è giunta,

ti sta venendo a prendere,

notti di tormento,

shock d'energia,

un lamento nel profondo,

mi dissolvo nel buio.

L'incontro

Vidi l'ancella del male,
soffocar i miei versi,
lei, estrema bellezza del boia,
a giudicar il mio destino,
in veste nera,
come il mio cammino.

Padre

Lui padre,
di quel bambino,
quello senza padre,
quello ancor bambino,
padre,
parola alquanto strana,
per colui che chiamava padre,
il lato oscuro di un bimbo.

Anima oscura

Opera del male,
ultima tomba,
singola ferita,
mia dolce erba maligna,
che stringe a mio torpore,
la bocca di ade.

La resa

Quanto aspro e crudele
questo coltello in gola,
tant'amabile acido
che scioglie la speranza,
che manda al tetro sorriso
fino all'ultimo respiro,
la resa.

Ghigliottina

Collo di morte in macabra danza,
una lama spettrale che uccide più volte.
Questo boia in continua esecuzione,
affligge te, unica,
una sgualdrina crudele,
innamorata del tempo.

Luna e sole

La notte cela
un bagliore profondo,
nei tuoi occhi rifletti
la luna stasera,
seppur il tuo cuore
ritragga il sole,
in un semplice mattino,
eppur sei tu, bella,
mia luna, mio sole.

Pazzia mortale

Si spegne così,
cautamente al calar della sera,
un'amicizia,
quest'incredula follia,
che mi dette sdegno,
al tramonto,
incessante di una sera.

Tumore

Catadisma nella mente,
nei miei occhi
fiamme razziate dal vento,
la maschera di cera
alimenta le mie inquietudini,
mi concede di vedere
nell'abisso del creato,
come fiore scarlatto
posato sulla tomba dell'esistenza.

Depressione

La depressione m'avvolge
con tentata voglia di morire,
ove mi ripongo,
nel cadavere della sera stanca.

Avevo un padre

Vedo il buio,
la mia paura,
l'incubo
mio padre,
il folle,
un mostro.
Avevo un padre,
e io muoio,
nelle zanne
della bestia.

Giustizia comprata

Fiore d'inganno
nel magico mondo
delle verità assolute.

Risveglio artistico del virus

Occhi del demonio,
sento odio sgorgare dalle vene,
un mar nero incontenibile,
avanza nel corpo, avanza,
porta male,
porta distruzione,
il mio sangue,
puro veleno,
io,
virus di questo mondo,
aspetto l'infezione ultima,
pura estinzione,
me stesso dentro gli altri.

Nero fardello

Sublime atto di forza
sopportar tale fardello,
nel profondo oblio la guida oscura,
la guancia satanica del male
aspetta d'esser baciata.

Colui che ha visto tutto

Ho visto cuori di dissensi,
incresparsi sulle onde dell'anima,
ho visto divinità inchinarsi
come umili mortali,
ma devo ancor veder la morte;
passatemi uno specchio,
e avrò visto tutto.

La statua

Come statua,
rimango immobile innanzi alla vita,
le mie mani
cercano invano di muoversi,
il mio corpo contiene libertà,
son sempre qui,
fermo, immobile,
aspetto inesorabile,
lo sgretolarsi del tempo.

Il rogo del cuore

Via strega dal mio letto;
via dal mio cuore,
salvati, salvati,
bagna di lacrime
questo tuo rogo acceso,
hai detto non è colpa mia,
invece io, la vedo in te.

Poeta estinto

I miei bracci chiedono pietà,
questo vulcano di idee erutta sangue,
fermati poeta maledetto, fermati,
prima che la tua maledizione
deteriori la tua carne,
fermati;
io continuerò a scrivere,
a costo di usar
miei resti come penna,
mio sangue come inchiostro,
vago oltre morte.

Semplice invidia

Quanto sei bella,
vorrei strappar il tuo viso a morsi,
spezzar le unghie con tenero smalto,
quanto sei bella, bella mia,
è inutile che gridi,
io adoro la semplicità,
tu lo sai.

AFORISMI

Ho in me il caos, la mia anima danza per raggiungere l'irrazionalità di questo mondo.

Non ci vuole niente ad essere un poeta, quando il cuore e' la poesia stessa dell'anima.

Quando la spensieratezza di un bimbo e la saggezza di un vecchio si incontreranno, allora la pace nel mondo sarà vicina.

Luce appare nel cuore a chi e' destinato ad avere, l'oscurità del mondo nell'anima.

Quando il cuore e l'anima coincideranno l'equilibrio creato farà finire questo caos che si è creato nel mondo.

L'essere grandi non significa necessariamente crescere ma avere un grande spirito.

Una lacrima sola per quanto possa essere piccola può contenere un oceano di dolore.

La vita è un'eterna maledizione che racchiude piccoli momenti di paradiso.

Quando la gente penserà di non stare più sotto l'ombra di un altra persona allora comincerà a vivere.

Credersi pazzo è folle......ma riuscire a esserlo è geniale.

Quello che ho dentro non è altro che lo specchio che riflette la tua anima.

Arriverà un giorno che non avrò più niente da scrivere, quel giorno sarete voi la mia poesia.

Un giorno scorderete il mio nome lo sento, ma non scorderete l'anima dentro le mie poesie.

I pensieri illuminano l'impossibile.

Bisogna saper parlare di morte se vuoi che gli altri inizino a vivere.

Dal nulla escono veri poeti, e i veri poeti nel nulla ritornano.

La pazzia con creatività può esser definita il massimo punto di ragione.

Meglio morire in una cella da uomo libero che essere prigioniero di uno stato.

Come puoi soffocar la morte a colpi di vita, se la morte vive in te.

Cosa non è reato ditemi, così che io possa uscire da questo carcere di mondo.

Solo con la morte puoi paragonare un soffio di vita alle tenebre.

Per l'agonia la morte può essere l'unico spiraglio di vita.

Quando il tempo mi darà la sua penna allora io potrò scrivere il mio futuro.

Per un poeta di morte, la vita è dentro la sua poesia.

Il profumo della morte, vive dentro noi, ma muore inebriando l'estasi del paradiso.

Vivi scrivendo fino alla fine, altrimenti la fine scriverà la tua morte.

L'emozione è il calice della poesia con cui l'anima disseta il cuore.

Il vero poeta scrive la sua anima nel cuore dei lettori generando poesia.

Sei luce oscura che illumina a giorno la mia notte.

Nell'inferno del poeta maledetto, il proprio figlio è paradiso.

Saggio è il tempo di colui che vive morendo di poesia.

Anche le nuvole sanno piangere vedendo la tristezza del mondo.

L'inchiostro può tingere di mille emozioni la poesia nascosta nei nostri cuori.

Mi sono innamorato della vita, ma la morte gelosa del mio amore, non mi fa vivere.

La vera vita è vivere la morte dentro di se e morirne anche esternamente per averla vissuta.

Innamoratevi della poesia, non del poeta, perché il poeta ha la poesia come unico amore.

Anche se mi sono ritrovato solo con la mia poesia, con la mia poesia sarò sempre solo nel cuore di tutti.

Il virus è pericoloso in natura, ma nella natura umana diventa l'antidoto del mondo.

Lo specchio dell'anima fa riflettere il cuore innamorato della poesia.

INDICE

www.ingramcontent.com/pod-product-compliance
Ingram Content Group UK Ltd.
Pitfield, Milton Keynes, MK11 3LW, UK
UKHW020238250726
13967UKWH00001B/428

9 781300 031741